AF533838

María Eloísa Imedio Murillo
Lastenia Arencibia Guerra

Unterricht – Español
Español – Unterricht

Unterricht sicher in der Zielsprache gestalten

Cornelsen

Die Autorinnen und Herausgeberinnen

María Eloísa Imedio Murillo ist Lehrerin für Spanisch und Biologie am Carl-Humann-Gymnasium in Essen sowie Fachleiterin für Spanisch am Zentrum für schulpraktische Lehrerausbildung in Essen.

Lastenia Arencibia Guerra studierte Romanistik und Germanistik an der Bergischen Universität Wuppertal, wo sie nach dem Studium als wissenschaftliche Mitarbeiterin der Romanistik tätig war. Derzeit unterrichtet sie Spanisch und Französisch am Dietrich-Bonhoeffer-Gymnasium in Hilden.

Projektleitung: Franziska Wittwer, Berlin
Redaktion: Anja Sieber, Berlin
Umschlagkonzept/-gestaltung: Ungermeyer, Berlin
Umschlagfoto: Shutterstock/sonia.eps
Layout/technische Umsetzung: fotosatz griesheim GmbH

www.cornelsen.de

3. Auflage, 2. Druck 2024

© 2015 Cornelsen Schulverlage GmbH, Berlin
© 2016 Cornelsen Verlag GmbH, Berlin

Das Werk und seine Teile sind urheberrechtlich geschützt. Jede Nutzung in anderen als den gesetzlich zugelassenen Fällen bedarf der vorherigen schriftlichen Einwilligung des Verlages.
Hinweis zu §§ 60 a, 60 b UrhG: Weder das Werk noch seine Teile dürfen ohne eine solche Einwilligung an Schulen oder in Unterrichts- und Lehrmedien (§ 60 b Abs. 3 UrhG) vervielfältigt, insbesondere kopiert oder eingescannt, verbreitet oder in ein Netzwerk eingestellt oder sonst öffentlich zugänglich gemacht oder wiedergegeben werden. Dies gilt auch für Intranets von Schulen und anderen Bildungseinrichtungen.

Esser printSolutions GmbH, Bretten

ISBN 978-3-589-23373 1

PEFC-zertifiziert
Dieses Produkt stammt aus nachhaltig bewirtschafteten Wäldern und kontrollierten Quellen
www.pefc.de

Aller Anfang ist gar nicht so schwer!

Endlich ist es soweit! Man hat die Masterprüfung oder gar das zweite Staatsexamen in der Tasche, ist mitunter um einige Erfahrungen im Praxissemester oder Referendariat reicher und fühlt sich nun bereit für den Schuldienst – bereit für die eigene Spanischklasse!

Doch aller Anfang ist gar nicht so leicht, oder? Zwar sind Sie ein sprachaffiner Erwachsener und haben keine wesentlichen Schwierigkeiten in Gesprächen mit *nativos*. Aber erstmalig vor einer Klasse zu stehen und diese geliebte Fremdsprache auf wesentliche Strukturen reduzieren zu müssen, damit insbesondere Sprachanfänger dem zielsprachlichen Unterricht und den Arbeitsanweisungen überhaupt folgen können – das ist schon ein großer Unterschied!

Selbst nach einigen Jahren im Schuldienst entstehen oftmals Unterrichtsphasen, in denen man als Lehrer die sprachliche Richtigkeit eigener Formulierungen anzweifelt. Manchmal mag einem das eigene Agieren sogar als langweilig und vorhersehbar erscheinen. Und mitunter ärgert man sich darüber, unnötigerweise „mal wieder" ins Deutsche gefallen zu sein.

In der Folge besteht ein Großteil der im Spanischunterricht benötigten Sprachmittel aus Anweisungen, Aufforderungen, Impulssetzungen, Erklärungen etc. Es handelt sich also um Redemittel, die einem im Laufe des Studiums oder während eines Auslandaufenthalts wenig oder gar nicht begegnet sind!

Doch aller Anfang ist gar nicht so schwer! Mit dem vorliegenden Nachschlagewerk geben wir Ihnen einen handlichen Ratgeber für den Spanischunterricht an die Hand. Neben einigen Tricks vor allem bei der Anwendung der täglich wiederkehrenden Formulierungen in Form von Mustersätzen finden Sie hier sicher und schnell das nötige Fachvokabular, sodass Sie Ihren Unterricht sicher und souverän in der Zielsprache abhalten können.

1.1 Nützliche Wendungen für den Unterricht

Expresiones útiles en clase	**Nützliche Wendungen für den Unterricht**
¿Qué día es hoy?	Welchen Tag haben wir heute?
¿Quién quiere salir a la pizarra?	Wer schreibt an die Tafel?
¿Algún voluntario para salir a la pizarra?	Gibt es einen Freiwilligen, der an die Tafel gehen möchte?
¿A quién le toca limpiar la pizarra?	Wer ist mit Tafelputzen dran?
Lo siento, no te/os he entendido bien ¿puedes/podéis repetir la pregunta?	Entschuldige! Kannst du die Frage wiederholen? Ich habe dich nicht verstanden./Könnt ihr …? Ich habe euch nicht verstanden.
¿Cómo se dice en español/alemán?	Wie heißt das auf Spanisch/Deutsch?
¿Alguien sabe cómo se dice X en español?	Weiß jemand, wie man das auf Spanisch sagt?
¿Qué significa "aeropuerto"?	Was bedeutet *aeropuerto*?
¿Se puede decir también …?	Kann man auch XY (dazu) sagen?
El término correcto para designar el objeto es …	Die richtige Bezeichnung (für den Gegenstand) lautet …
¿Alguien puede poner un ejemplo?	Kann jemand ein Beispiel geben?
¿Alguien puede explicar la expresión en español?	Kann jemand den Begriff auf Spanisch erklären?
¿Te acuerdas/os acordáis del significado de X?	Erinnerst du dich/Erinnert ihr euch an die Bedeutung von X?
¿En qué página está?	Auf welcher Seite steht das?
¿En qué línea está?	In welcher Zeile steht das?

¿Qué significa "bocadillo" en alemán? La palabra tiene dos significados.	Was heißt *bocadillo* auf Deutsch? Das Wort besitzt zwei Bedeutungen.
¿Quién puede prestarle un bolígrafo/un lápiz/un rotulador/una goma/un sacapuntas/una hoja de papel a Tim?	Wer leiht Tim einen Kugelschreiber/Bleistift/Filzstift/Radiergummi/einen Anspitzer/ ein Blatt?
¿Está todo claro?	Verstanden? Habt ihr alles verstanden?
¿Alguien tiene alguna duda/ pregunta?	Hat (noch) jemand ein Problem/ eine Frage?
"canción" ¿se escribe con acento o sin acento?	Wird *canción* mit oder ohne Akzent geschrieben?

1.2 Auffordern, fragen und Arbeitsanweisungen geben

Pedirle al alumno que haga algo	**Auffordern**
¡Baja/Bajad la voz!	Sei/Seid leiser!
¡Siéntate/Sentaos!	Setz dich/Setzt euch hin!
¡Levántate/Levantaos!	Steh/Steht auf!
¡Empieza/Empezad a trabajar!	Fang/Fangt an zu arbeiten!
¡Enciende/Encended la luz!	Mach/Macht das Licht an! Schalte/Schaltet ... ein!
¡Apaga/Apagad la luz!	Mach/Macht das Licht aus! Schalt/Schalt ... aus!
¡Escucha a tu compañero/Escuchad a vuestros compañeros!	Hör/Hört (hin/zu) deinem Mitschüler/euren Mitschülern zu.
¡Prestadme atención!	Hört mir zu!
¡Repítelo/Repetidlo!	Wiederhol/Wiederholt es!

¡Saca tu cuaderno/libro ...!/ ¡Sacad vuestros cuadernos/libros ...!	Hol dein Heft/Buch heraus./ Holt eure Hefte/Bücher heraus.
¿Puedes/Podéis ...	Kannst du/Könnt ihr ...
• ... abrir el libro por la página X?	• ... die Bücher auf Seite X öffnen?
• ... levantarte/levantaos? ¡Vamos a empezar la clase!	• ... aufstehen? Lasst uns den Unterricht beginnen.
• ... escuchar lo que dice vuestro compañero?	• ... zu-/hinhören, was eurer Mitschüler sagt?
• ... escucharme?	• ... mir zuhören?
• ... dejar de hablar?	• ... aufhören zu sprechen/ schwatzen?
• ... prestar atención?	• ... zuhören?
• ... hablar más alto/bajo/más despacio?	• lauter/leiser/langsamer sprechen?
• ... empezar a trabajar?	• ... anfangen zu arbeiten?
• ... dejar de trabajar? El tiempo ha terminado.	• ... aufhören zu arbeiten? Die Zeit ist um.
• ... sacar tu/vuestro cuaderno/ libro?	• ... dein/euer Heft/Buch herausholen?
• ... limpiar la pizarra?	• .... die Tafel putzen?
• ... abrir/cerrar la ventana/ la puerta?	• ... das Fenster/die Tür öffnen/ schließen?
• ... abrir/correr las cortinas?	• ... die Vorhänge öffnen/ schließen?
• ... subir/bajar las persianas?	• ... die Rollläden/Jalousien herunterlassen/hochlassen?
• ... poner las mesas/sillas en forma de "u"?	• ...Tische/Stühle in U-Form/ Hufeisen-Form stellen?

• … subir/bajar las sillas?	• … die Stühle hoch-/runterstellen?
• … darle la hoja de trabajo a tu/ vuestro compañero?	• … deinem/eurem Mitschüler das Arbeitsblatt geben/aushändigen?
• … compartir el libro con tu compañero?	• … mit deinem Mitschüler das Buch teilen?/gemeinsam in das Buch schauen?
• … formar grupos de tres/cuatro/ X personas?	• … Dreier-/Vierer-/...-Gruppen bilden?
• … empezar con la presentación?	• … mit der Präsentation beginnen?
• … sentarte/sentaros junto a X?	• … dich/euch zu X setzen?
• … sentarte/sentaros en la esquina/al margen?	• … dich/euch in die Ecke/an den Rand setzen?
• … sentarte/sentaros junto a la pizarra?	• …. dich/euch neben die Tafel setzen?
• … sentarte/sentaros aquí?	• …dich/euch hierhin setzen?
• … sentarte/sentaros más cerca de X?	• … dich/euch näher an X setzen?
• … explicarlo otra vez?	• … es noch einmal erklären?
• Tim ¿puedes ayudar a tu compañero?	• Tim, kannst du deinem Partner helfen?

1.3 Verbieten und disziplinieren

Prohibirle al alumno que haga algo	**Verbieten**
No está permitido comer en clase.	Essen ist im Unterricht nicht erlaubt/ gestattet.
¡Silencio, por favor!	Ruhe, bitte!

¡Deja de hablar con tu compañero/compañera/Dejad de hablar con vuestros compañeros!	Sprich nicht mit deinem Sitznachbarn./Sprecht nicht ...
¡Deja/Dejad de escribir! El tiempo ha terminado.	Hör/Hört auf zu schreiben! Die Zeit ist um.
¡No hables/habléis con tu compañero/vuestros compañeros!	Hör auf zu schwatzen/zu stören!
¡No hables/habléis tan alto!	Sprich/Sprecht nicht so laut!
¡No saques/saquéis todavía los libros!	Hol/Holt noch nicht die Bücher raus!
¡No empieces/empecéis con el test/examen hasta que lo diga!	Beginn/Beginnt nicht mit dem Test/die Arbeit, bis ich es gesagt habe.
¡No le deis todavía la vuelta a la hoja!	Dreht das Blatt noch nicht um!
¡No te puedes/os podéis levantar en clase!	Du kannst/Ihr könnt nicht einfach im Unterricht aufstehen!
¡No comas en clase!	Iss nicht im Unterricht!
¡No podéis mascar chicle en clase!	Im Unterricht dürft ihr kein Kaugummi essen!
¡No escribáis en el libro! Sabéis que no es vuestro.	Schreibt nicht ins Buch! Ihr wisst (doch), dass euch das Buch nicht gehört./..., dass es nicht euer Buch ist.
Chicos, sabéis que en clase no está permitido comer/beber.	Leute, ihr wisst doch, dass man im Unterricht nicht essen/trinken darf.
No está permitido utilizar el diccionario bilingüe en el examen, sólo el monolingüe.	Zweisprachige Wörterbücher sind in der Klausur/Klassenarbeit nicht gestattet/zugelassen, nur einsprachige.
De uno en uno. ¡No habléis todos a la vez!	Einer nach dem anderen, nicht alle auf einmal!

Tim, todavía no te toca. Es el turno de Ana.	Tim, du bist noch nicht dran. Anna ist an der Reihe/ist dran.
Medidas disciplinarias	**Disziplinieren und Maßnahmen ergreifen**
Avisa a tus padres que mañana te quedarás castigado después de clase.	Informiere deine Eltern, dass du morgen nach dem Unterricht nacharbeiten musst.
¡Chicos! La clase no ha terminado.	Der Unterricht hat noch nicht geendet/ist noch nicht vorbei!
Os pido/ruego que bajéis la voz.	Seid bitte leiser!
Parece que no lo habéis entendido. Os he dicho que bajéis la voz.	Ihr scheint mich nicht verstanden zu haben. Ich habe euch gebeten, leiser zu sein.
Ana, es el segundo y último aviso. No te lo vuelvo a repetir.	Ana, das ist die zweite und letzte Warnung! Ich werde es dir nicht noch einmal sagen.
Tim, parece que no sabes trabajar en grupo, así que a partir de ahora vas a trabajar tú solo.	Tim, anscheinend bist du zu einer Gruppenarbeit nicht in der Lage! Ab sofort wirst du alleine arbeiten!
Todos los ejercicios que no terminéis en clase los tendréis que hacer en casa.	Alle Übungen, die ihr jetzt nicht fertig macht, müsst ihr zu Hause machen.
¿Queréis que informe a la Sra. X/al Sr. X de vuestro comportamiento?	Soll ich Frau/Herrn X über euer Verhalten in Kenntnis setzen?
Si os seguís comportando así voy a tener que informar a vuestros padres de vuestro comportamiento.	Wenn ihr euch so weiter benehmt, werde ich eure Eltern (über euer Verhalten) informieren müssen.
Si os seguís comportando así tendréis que quedaros el lunes después de clase para repasar las actividades.	Wenn ihr euch so weiter benehmt, werdet ihr am Montag nach dem Unterricht die Übungen/Aufgaben nacharbeiten müssen.
¡Chicos, bajad la voz de una vez!	Seid endlich leiser!

¡No te permito que te comportes así en clase!	Ich verbitte mir dieses Verhalten im Unterricht!
Si no haces los deberes, tendré que hablar con tus padres personalmente.	Wenn du keine Hausaufgaben machst, werde ich mit deinen Eltern reden müssen.
Vuestro comportamiento es insoportable.	Euer Verhalten ist unerträglich.
¡Ya basta! ¡Sal de la clase!	Es reicht! Verlasse das Klassen-zimmer!
¡Sal de clase inmediatamente!	Verlass sofort das Klassenzimmer/ den Unterricht!
Tim, sal de clase (cinco minutos) y te quedas en el pasillo hasta que yo lo diga.	Tim, verlass (für fünf Minuten) das Klassenzimmer! Du bleibst solange im Flur stehen, wie ich dir sage.
¡Vete inmediatamente a la sala de castigo!	Geh sofort in den Trainingsraum!
Como castigo vas a tener que recuperar los ejercicios que acabamos de hacer en casa.	Zur Strafe musst du zu Hause die Aufgaben nachholen, die wir im Unterricht gemacht haben.
¡Discúlpate con tu compañero! Lo que has hecho no está bien/está muy mal.	Entschuldige dich bei deinem Mitschüler! Das war nicht richtig/ in Ordnung, was du gemacht hast.

1.4 Arbeitsanweisungen geben

Dar instrucciones de trabajo	**Arbeitsanweisungen geben**
Tenéis diez minutos para hacer el test de vocabulario y luego me lo entregáis.	Für den Vokabeltest habt ihr zehn Minuten Zeit/zur Verfügung. Dann gebt ihr ihn ab.
Apunta/Apuntad sólo las palabras clave.	Schreib/Schreibt / Notiere/Notiert nur die Schlüsselbegriffe/auf.

Escribe/Escribid sólo las respuestas.	Schreib/Schreibt nur die Antworten auf.
Escribe/Escribid las respuestas en los cuadernos.	Schreib/Schreibt die Antwort ins Heft.
Comparad las respuestas con vuestros compañeros.	Vergleicht untereinander eure Antworten.
Completad la tabla/el mapa mental/...	Vervollständigt die Tabelle/die Mindmap/...
Copia/Copiad el mapa mental en vuestro cuaderno.	Schreibe/Schreibt die Mindmap in euer Heft ab.
No es necesario que lo copiéis. Yo tengo una fotocopia.	Ihr braucht es nicht abzuschreiben. Ich habe eine Fotokopie.
Podéis hacer el ejercicio con ayuda del diccionario (mono-/bilingüe).	Ihr könnt die Übung mithilfe des (ein-/zweisprachigen) Wörterbuches machen.
Analizad la postura del autor en este texto.	Analysiert in diesem Text die Haltung des Autors.
¡Marca/Marcad / Subraya/Subrayad lo que entiendes/entendéis en el texto!	Markier/Markiert / Unterstreich/Unterstreicht im Text, was du/ihr verstehst/versteht.
No hace falta entender todo el texto. Centraos en vuestras islas de comprensión.	Es ist nicht nötig/notwendig den gesamten Text zu verstehen. Konzentriert euch auf eure Verstehensinseln!
¡Corrige/Corregid los errores!	Verbesser/Verbessert die Fehler!
¡Describid la imagen a vuestro compañero/-a!	Beschreibt eurer Sitznachbarin/eurem Sitznachbarn das Bild!
¡Ordena/Ordenad las frases!	Ordne/Ordnet die Sätze!
¡Pon/Poned las imágenes en el orden cronológico correcto!	Ordne/Ordnet die Bilder in die richtige chronologische Reihenfolge!

¡Relaciona/Relacionad las imágenes con los textos/los párrafos!	Setze/Setzt die Bilder zum Text/zu den Abschnitten in Beziehung.
¡Presentad la escena!	Stellt die Szene vor!/Spielt die Szene vor!
¡Toma/Tomad solamente apuntes! No es necesario escribirlo todo.	Macht euch nur Notizen! Es ist nicht notwendig, alles aufzuschreiben.
Antes de empezar con el examen tenéis que depositar vuestros móviles y mochilas allí/ en esta mesa.	Vor Prüfungsbeginn müsst ihr eure Handys und Rucksäcke/Schultaschen dort/auf diesem Tisch ablegen.

1.5 Tricks zur Beibehaltung der Einsprachigkeit

Pequeños trucos para mantener la conversación en español	**Kleine Tricks, um das Gespräch im Spanischen aufrechtzuhalten**
Lo siento, no te entiendo. ¡Repítelo en español!	Tut mir leid, ich verstehe dich nicht. Wiederhole es auf Spanisch!
No entiendo "PAUSE" ¿Qué quieres decir?	„Pause" verstehe ich nicht. Was willst du sagen/ausdrücken?
Venga, ¡atrévete! Estoy seguro/a de que lo sabes decir en español.	Los, trau dich! Ich bin mir sicher, dass du es auch auf Spanisch sagen kannst.
¿Alguien puede responder (en español) a la pregunta de Tim?	Kann jemand auf Tims Frage antworten?
Lo siento, pero no presto atención si me hablas/habláis en alemán.	Tut mir leid, aber wenn du/ihr Deutsch sprichst/sprecht, höre ich euch nicht zu/beachte ich euch nicht.
Para hablar conmigo usa las frases/ expresiones de clase que has recibido.	Verwende die Redemittel zur Unterrichtssprache, um mich anzusprechen, die du (von mir) erhalten hast.

Si mal no me acuerdo estamos en la clase de español y no en la de alemán, ¿o? ;-)

Wenn ich mich recht erinnere, sind wir im Spanischunterricht und nicht im Deutschunterricht, oder? *(Zwinker!)*

El primero que hable hoy en alemán tiene que barrer la clase.

Der erste, der heute Deutsch spricht, muss die Klasse fegen.

Vale, dilo primero en alemán y luego intentaremos expresarlo juntos en español.

In Ordnung, sag es erst auf Deutsch und dann werden wir gemeinsam versuchen, es auf Spanisch auszudrücken.

¡Claro que te dejo ir al servicio! Pero antes me lo dices/me lo pides en español.

Natürlich lass ich dich auf Toilette gehen, aber vorher fragst du mich das auf Spanisch.

Te dejo ir al servicio si me lo dices/ me lo preguntas en español.

Ich lasse dich auf Toilette gehen, wenn du mich/mir es auf Spanisch fragst/sagst.

2. Organisation und Unterrichtsablauf

2.1 Sich begrüßen und verabschieden

Saludar/despedirse

¡Buenos días/Buenas tardes [a todos]! Hoy me gustaría empezar la clase repasando el vocabulario relacionado con la ropa.

Guten Morgen/Tag [an alle]! Heute möchte ich zu Beginn des Unterrichts den Wortschatz zur Kleidung wiederholen.

¡Hola, chicos!/¡Hola a todos!

Hallo Jungs und Mädchen/Hallo Leute!/Hallo an alle!

¡Adiós! ¡Hasta la próxima clase!

Tschüss! Bis zum nächsten Unterricht!

¡Nos vemos el próximo jueves!

Wir sehen uns kommenden Donnerstag!

¡Buen fin de semana!

Schönes Wochenende!

¡Hasta el lunes!

Bis Montag!

¡Qué paséis unas buenas vacaciones!/¡Qué lo paséis bien en las vacaciones!	[Ich wünsche euch] Schöne Ferien!

2.2 Anwesenheit kontrollieren und auf Zuspätkommer reagieren

Presencia en la clase

Presencia/Ausencia (estar) presente/ausente	Anwesenheit/Abwesenheit anwesend/abwesend (sein)
¿Estamos todos?	Sind alle da?
En primer lugar voy a pasar lista.	Als Erstes werde ich die Anwesenheit überprüfen.
¿Hoy no está X?/¿No está hoy X?	Ist X heute nicht da?
¿Hay algún ausente hoy?	Fehlt heute jemand?
¿X está enfermo/enferma? Ayer tampoco estuvo en clase.	Ist X krank? Gestern war er/sie auch nicht im Unterricht.
¿Sigue Tim enfermo?	Ist Tim immer noch/weiterhin krank?
¿Todavía no ha llegado X?	Ist X noch nicht da?
Tenéis que entregarme los certificados de ausencia para que os disculpe las faltas de asistencia.	Ihr müsst mir eure Entschuldigungen geben, damit ich euer Fehlen als entschuldigt eintragen kann.
Tim, (ya) tienes 10 faltas de asistencia este trimestre.	Tim, in diesem Quartal hast du (bereits) 10 unentschuldigte Fehlstunden.
Tus padres tienen que firmar tus faltas de asistencia.	Deine Eltern müssen deine Entschuldigungen unterschreiben.
¿Por qué llegas tarde? ¿Puedes explicarme por qué has vuelto a llegar tarde?	Warum kommst du zu spät? Kannst du mir erklären, warum du wieder zu spät kommst?

Es la segunda vez que llegas tarde a clase esta semana. La próxima vez informaré a tus padres.	Es ist in dieser Woche bereits das zweite Mal, dass du zu spät zum Unterricht erscheinst. Nächstes Mal informiere ich deine Eltern.
¿Qué podemos decir/se puede decir para disculparnos cuando llegamos tarde a clase?	Was kann man sagen, um sich zu entschuldigen, wenn man zu spät kommt?

2.3 Unterrichtsbeginn/-ende gestalten und Transparenz schaffen

Frases y rituales para empezar la clase	**Unterrichtsbeginn gestalten – Phrasen und Rituale**
¿Podemos empezar?	Können wir anfangen?
¿Estáis listos?	Seid ihr soweit/fertig?
¿Os levantáis para empezar la clase, por favor?	Steht ihr bitte zum Stundenbeginn auf?
¡Silencio, chicos! Vamos a empezar.	Ruhe! Lasst uns anfangen!
No vamos a empezar la clase hasta que todo el mundo esté en silencio.	Wir fangen nicht an, bevor alle ruhig sind.

Crear transparencia	**Transparenz schaffen**
El plan de hoy es el siguiente: 1. Calentamiento 2. Intercambiar y evaluar los deberes del compañero 3. Concertar criterios para la evaluación de juegos de roles 4. Preparar y ensayar los juegos 5. Presentación y evaluación de algunos juegos	Unser heutiges Vorhaben sieht wie folgt aus: 1. Aufwärmphase 2. Austausch und Evaluation der Hausaufgaben des Partners 3. Sich auf Kriterien für die Evaluation von Rollenspielen einigen 4. Rollenspiel vorbereiten und einüben 5. Präsentation und Evaluation der Rollenspiele
El tema de la clase de hoy es …	Das heutige Thema lautet …

¡Hola, chicos! Hoy vamos a empezar observando una imagen relacionada con el/nuestro tema.	Hallo, Leute! Heute beginnen wir den Unterricht mit einem Bild, das mit dem/unserem Thema zu tun hat/in Verbindung steht.
	Eine Murmelphase einleiten:
Tenéis un minuto de tiempo para hablar con vuestro compañero sobre la imagen, antes de empezar con la descripción.	Ihr habt eine Minute Zeit, um euch mit eurem Sitznachbarn über das Bild auszutauschen, bevor es mit der Bildbeschreibung losgeht.
¿Hay algún voluntario para describir la imagen?	Gibt es einen Freiwilligen, der das Bild beschreibt?
En la clase de hoy nos vamos a ocupar del tema de ...	Heute befassen wir uns im Unterricht mit dem Thema ...
Para terminar la clase, vais a presentar vuestras soluciones al problema.	Am Ende der Stunde werdet ihr eure Problemlösungen vorstellen/präsentieren.
¿Quién quiere empezar a leer el texto?[1]	Wer möchte den Text vorlesen?
¿Alguien se acuerda de qué hablamos en la última clase?	Erinnert sich jemand daran, worüber wir letzte Stunde gesprochen haben?
¿Cuál era el tema de la última clase?[2] Charlad con vuestro compañero.	Wie lautet(e) das Thema der letzten Stunde?
Hoy vamos a empezar un tema.	Heute fangen wir mit einem neuen Thema an.
(activar) los conocimientos previos	die Vorkenntnisse (aktivieren)
Para activar vuestros conocimientos previos os he traído una imagen.	Um eure Vorkenntnisse zu aktivieren, habe ich euch ein Bild mitgebracht.

[1] Das gemeinsame laute Vorlesen eines Textes ist – es sei denn, das Vor- oder szenische Lesen soll geübt werden – zu vermeiden, da dabei i.d.R. kein sinnentnehmendes Lesen stattfindet.

[2] Murmelphase nutzen!

Para profundizar/ahondar en el tema hoy vamos a continuar analizando …

Um das Thema zu vertiefen, werden wir heute weitermachen, indem wir … analysieren.

El final de la clase

Stundenende

Después de todo lo visto hoy, podemos llegar a la conclusión que...

Nach der heutigen Stunde können wir zu dem Schluss kommen, dass …

Para terminar podemos resumir los resultados obtenidos diciendo que …

Um zum Ende zu kommen, können wir die erhaltenen Ergebnisse wie folgt zusammenfassen: …

Resumiendo la clase de hoy podemos decir que …

Zusammenfassend können wir sagen, dass …

Es todo por hoy.

Das ist alles für heute.

Mañana continuaremos con …

Morgen werden wir mit … weitermachen.

¡Vale! Muchas gracias por la atención que habéis prestado.

Okay! Vielen Dank für eure Aufmerksamkeit!

Chicos, hoy habéis trabajado muy bien.

…, ihr habt heute sehr gut mitgearbeitet/mitgemacht.

En la próxima clase vamos a ver el ejemplo de …

Nächste Stunde werden wir uns das Beispiel von/zu … anschauen.

Muchas gracias por vuestra atención y nos vemos el lunes.

Vielen Dank für eure Aufmerksamkeit, wir sehen uns am Montag wieder.

Los deberes para el viernes son …
- en la página 45 el ejercicio 6 del libro.
- en el cuaderno de ejercicios/actividades: en la página 20 el ejercicio 4

Die Hausaufgaben zu Freitag sind …
- auf Seite 45, Übung 6 des Arbeitsbuches/Schulbuches,
- im Übungsheft auf Seite 20, Übung 4.

Me vais a entregar el ejercicio 4 en una hoja aparte.

Ihr werdet mir die Übung 4 auf einem Extrablatt abgeben müssen.

Estudiad el vocabulario de la lección 3b/del tema …	Lernt die Vokabeln der Lektion 3b/zum Thema …
Aprended la conjugación de los verbos de la lección 4 de memoria.	Lernt die Konjugation der Verben der Lektion 4 auswendig.

2.4 Classroom-Management und Lernumgebung gestalten

Sitzordnung ändern

Organización del aula	**Klassenraumgestaltung**
Poned las mesas ... en forma de "U".	Stellt die Tische … in U-Form auf.
... por grupos de 4/6 alumnos.	Bildet Vierer-/Sechser-Gruppentische.
... por parejas.	***Bei Einzeltischen:*** Bildet Partner-/Zweier-Tische.
... de forma individual, uno detrás de otro.	Stellt die Tische einzeln hintereinander auf.
... formando filas.	Stellt die Tische als Reihen (hintereinander) auf.
... al fondo de la clase.	Stellt die Tische ans Ende der Klasse/Raumes
Formad un círculo con las sillas en el centro de la clase.	Bildet (mit den Stühlen) in der Mitte der Klasse einen Sitzkreis.
Sentaos de forma alternativa chico – chica.	Jungen und Mädchen setzen sich abwechselnd nebeneinander.
Sentaos de manera que cada uno pueda ver la pizarra.	Setzt euch so hin, dass jeder die Tafel sieht/sehen kann.

Unterrichtsphasen und Arbeitsformen (Sozialformen, Methoden[3]) zur Dezentralisierung des Unterrichts

Fases de clase	**Unterrichtsphasen**
aproximación al tema identificación del problema	problemorientierter Unterrichtseinstieg/Annäherung an das Thema
fase de elaboración	Erarbeitungsphase
fase de presentación	Präsentation
fase de evaluación/reflexión	Evaluations-/Reflexionsphase
fase de consolidación	Sicherung-/Festigungsphase
fase de trabajo individual	Phase der Einzelarbeit
fase de reflexión	Reflexionsphase/Phase des Denkens [beim kooperativen Lernen]
fase de intercambio	Austauschphase
fase de presentación	Präsentationsphase
la diferenciación	die Differenzierung
la individualización	die Individualisierung
el fomento individual	die individuelle Förderung

Eine Debatte organisieren und in Gang setzen

Organizar un debate	**Eine Debatte organisieren**
Primero vais a trabajar de forma individual, después en grupos homogéneos y al final en grupos heterogéneos.	Zuerst werden ihr alleine arbeiten, danach in homogenen Gruppen und am Ende/zum Abschluss in heterogenen Gruppen.
Tenéis que aportar argumentos para defender vuestra postura durante el debate.	Während der Debatte müsst ihr Argumente einbringen, um eure Haltung/Meinung zu verteidigen.
Algunos están a favor y otros están en contra de …	Einige sind für, andere gegen …

[3] Siehe Fachvokabular zum Methodenrepertoire zur Dezentralisierung des Unterrichts

Antes de empezar con el debate, tenéis que pensar en los pros y los contras de cada postura.	Bevor wir mit der Debatte beginnen, müsst ihr an die Pro- und Kontra-Argumente jeder Einstellung denken.
Preparad vuestro rol/papel anticipando los argumentos de los otros personajes/representantes.	Bereitet eure Rolle vor und antizipiert dabei die Argumente der anderen Figuren/Personen/Vertreter.
Poner en marcha el debate y evaluarlo	**Die Debatte in Gang setzen und evaluieren**
Después de tener vuestra argumentación, pensad en los argumentos del otro equipo para reaccionar mejor durante el debate.	Nachdem ihr eure Argumentation erarbeitet habt, denkt über die Gegenargumente der anderen Gruppe nach, um bei der Debatte besser reagieren zu können.
¿Ha cambiado vuestro punto de vista originario después de ver/escuchar los argumentos de los demás?	Hat sich euer ursprünglicher Standpunkt geändert/Seid ihr nun anderer Meinung, nachdem ihr die Argumente der anderen gehört/gesehen habt?
Para el debate necesitamos un controlador lingüístico/un grupo de controladores lingüísticos, es decir, personas/una persona que controla/n el uso correcto del subjuntivo durante las presentaciones.[4]	Für die Debatte benötigen wir einen Sprachwächter/eine Gruppe von Sprachwächtern, d. h., wir brauchen jemanden/Leute, der/die während der Präsentation über den richtigen Gebrauch des *subjuntivo* wacht/wachen.

[4] Beim Einsatz von Sprachwächtern sollte man darauf achten, den Hörauftrag auf ein überschaubares Phänomen zu reduzieren. Dieses Phänomen kann grammatikalischer (z. B. Gebrauch des *subjuntivo*, Adjektivangleichung, …) oder auch lexikalischer Natur sein (z. B. Differenziertheit in der Verwendung der Ausdrücke zur Meinungsäußerung). Darüber hinaus sollten andere Gruppen den Fokus auf den inhaltlichen Gehalt der Diskussion legen sowie auf die Interaktion zwischen den Gesprächsteilnehmern (das angemessene Eingehen auf den/die Gesprächspartner) beobachten.

Stationenlernen organisieren

Aprendizaje por etapas	**Stationenlernen**
La tarea consta de siete estaciones de las cuales tres son obligatorias y cuatro optavivas.	Die Aufgabe besteht aus sieben Stationen, von denen drei obligatorisch zu bearbeiten sind und vier zur Wahl stehen.
De las estaciones optativas tenéis que elegir sólo dos.	Aus den vier Wahlstationen müsst ihr zwei bearbeiten.
Al terminar el circuito, todos tenéis que completar la hoja de evaluación.	Wenn ihr den Lernzirkel fertig durchlaufen habt, müssen alle den Evaluationsbogen ausfüllen.
En la primera estación encontráis una hoja de trabajo y las soluciones las tenéis en la lámina número 1.	In Station 1 findet ihr ein Arbeitsblatt und die Lösungen habt ihr auf Blatt 1.
Después de terminar en la estación X, tenéis que pasar a la número Y.	Nachdem ihr Station X bearbeitet habt, müsst ihr zu Station Y gehen.
No tenéis que hacer cada una de las estaciones por orden cronológico, es decir, después de la estación uno o central, podéis pasar a la estación que queráis.	Ihr müsst die Stationen nicht chronologisch bearbeiten, d.h., nachdem ihr Station 1 durchlaufen habt, könnt ihr die nächste Station, die ihr wollt, aufsuchen.
En cada rincón de la clase hay una estación.	In jeder Ecke des Klassenzimmers befindet sich eine Station.

Kooperatives Lernen organisieren

El aprendizaje colaborativo (AC)	**Kooperatives Lernen**
Con el aprendizaje colaborativo/cooperativo los alumnos pueden aprender de los demás y pueden ayudarse mutuamente a aprender.	Beim kooperativen Lernen lernen die Schüler durch Lehren und können sich gegenseitig beim Lernprozess unterstützen.
Elementos del aprendizaje cooperativo:	**Elemente des kooperativen Lernens:**
1. La responsabilidad individual	1. Individuelle Verbindlichkeit/Verantwortung

2. La Interdependencia positiva
3. La interacción "cara a cara"
4. Las habilidades sociales
5. La fase de reflexión: autoevaluación del grupo/autoevaluación grupal y evaluación (por el profesor)

2. Positive Abhängigkeit
3. Direkte Interaktion
4. Soziale Fähigkeiten
5. Reflexionsphase: Selbsteinschätzung durch die Gruppe und Evaluation durch den Lehrer

Dos modelos del AC

1. Método 1-2-4:

Las fases del trabajo colaborativo/cooperativo son: pensar, intercambiar y compartir.

Zwei Modelle zum kooperativen Lernen

1. Think-Pair-Share (*als Basis aller Methoden des kooperativen Lernens*)
Phasen des kooperativen Arbeitens sind: Denken, Austauschen und Teilen.

2. El puzle/rompecabezas
Primera fase: Preparación individual o presentación del problema (en el grupo original).

2. Expertenpuzzle
Erste Phase: Stammgruppen (Erstinformation/Problemstellung wird individuell gelöst)

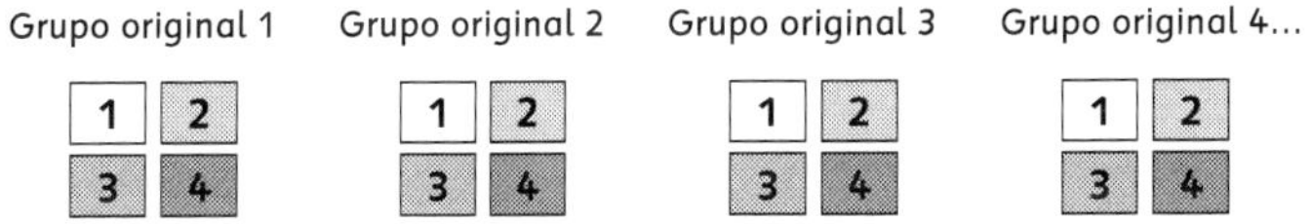

Grupo original 1	Grupo original 2	Grupo original 3	Grupo original 4...
1 2	1 2	1 2	1 2
3 4	3 4	3 4	3 4

Segunda fase: Reunión de expertos (intercambio sobre el propio tema)

Zweite Phase: Expertengruppen (Austausch über das spezifische Thema)

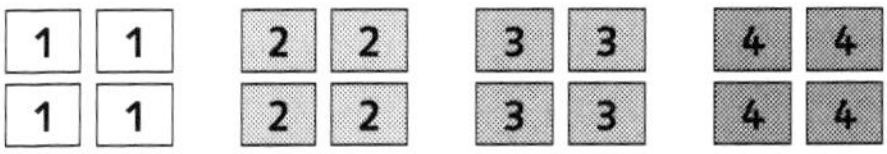

1 1	2 2	3 3	4 4
1 1	2 2	3 3	4 4

Tercera fase: Reunión del grupo original e intercambio de los resultados de los expertos; resolver una tarea suplementaria a través de los resultados anteriores

Dritte Phase: gegenseitiger Austausch über die Arbeitsergebnisse der Experten; gemeinsame Lösung der Transferaufgabe auf der Basis der vorherigen Ergebnisse

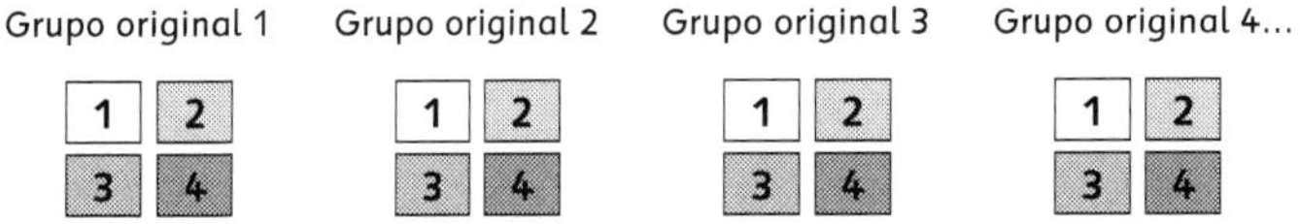

Grupo original 1	Grupo original 2	Grupo original 3	Grupo original 4...
1 2	1 2	1 2	1 2
3 4	3 4	3 4	3 4

La cuarta fase es la de la presentación.	Die vierte Phase ist die Präsentationsphase.
El papel del profesor como mediador/asesor	Die Rolle des Lehrers als Moderator/Lernberater
Divisiones de equipos por rendimiento	Gruppeneinteilung nach Leistung

2.5 Auf situative Ereignisse eingehen

Stundenplan, Sprechstunde, Klassensprecherwahl

Horario de clase	**Stundenplan**
la primera/segunda/tercera hora	erste/zweite/dritte Stunde
A primera/segunda/tercera hora tenemos matemáticas.	In der ersten/zweiten/dritten Stunde haben wir Mathematik.
La clase dura 45/60 minutos.	Die Unterrichtsstunde dauert/ beträgt 45/60 Minuten.
¿A qué hora termináis los jueves?	Wann habt ihr donnerstags Unterrichtsschluss?
¿Cuántas veces por semana tenéis inglés?	Wie oft in der Woche habt ihr Englisch?
El lunes hay un cambio de horario y nos veremos a segunda hora y no a tercera como de costumbre.	Am Montag gibt es eine Stundenplanänderung! Wir sehen uns zur zweiten Stunde statt wie sonst zur dritten Stunde./[...] werden wir in der zweiten Stunde Unterricht haben statt in der dritten.
el recreo	die große Pause
a la hora del recreo	zur großen Pause
la pausa (entre clase y clase)	die Fünf-Minutenpause
A la hora de la comida ...	**Hier**: Zur Mittagspause ...

La tutoría	**Sprechstunde**
el tutor/la tutora	der (Klassen-)Lehrer/die (Klassen-) Lehrerin
La hora de tutoría es los martes de 11 a 12.	Die Sprechstunde ist dienstags von 11:00 bis 12:00 Uhr.
La elección de delegado	**Klassensprecherwahl**
el delegado/la delegada de clase	der/die Klassensprecher/in
elegir al delegado o a la delegada de clase	den/die Klassensprecher/in/ Kurssprecher/in wählen

Ankündigung von Arbeiten (Prüfungen, Referate)

Anunciar exámenes	**Prüfungen ankündigen**
hacer un examen/una prueba escrita/una prueba oral/un test/un test de gramática/un test de vocabulario	eine Klausur/Klassenarbeit/ schriftliche Prüfung/ Kommunikationsprüfung/Übung/ Test/Grammatiktest/Vokabeltest durchführen/schreiben
¡Repasad la lección 5 para preparar el examen!	Wiederholt Lektion 5 zur Vorbereitung auf die Klassenarbeit.
¡Estudiad todos los verbos irregulares en presente!	Lernt alle unregelmäßigen Verben/ Formen des Präsens Indikativ!
la exposición/la ponencia/la presentación	Referat/Präsentation
Tenéis que preparar/hacer una exposición sobre los problemas de los inmigrantes en España.	Ihr müsst ein Referat vorbereiten/ halten zu Problemen der Einwanderer in Spanien.
Podéis hacer una presentación Powerpoint o utilizar el retroproyector.	Ihr könnt eine PowerPoint-Präsentation anfertigen oder den Overhead-Projektor benutzen.
el/la representante del grupo	der Vertreter der Arbeitsgruppe

Feste, Feiertage, Ferien

Fiestas y felicitaciones	**Feste, Feiertage und Glückwünsche**
el cumpleaños el santo el día festivo	der Geburtstag der Namenstag der Feiertag
Hoy es el cumpleaños de Tim ¿Le cantamos el cumpleaños feliz?	Heute ist Tims Geburtstag. Sollen wir ihm ein Geburtstagsständchen/ Happy Birthday singen?
¡Cumpleaños feliz, Tim!	Herzlichen Glückwunsch zum Geburtstag, Tim!
¡Muchas felicidades por la nota/ haber mejorado!	Herzlichen Glückwunsch zur Note/ dazu, dass du dich verbessert hast.
El 12 de octubre es el Día de la Hispanidad, es decir, el día nacional de España.	Der 12. Oktober ist ein spanischer Nationalfeiertag *(Día de la Hispanidad; anlässlich der Entdeckung Amerikas durch Christoph Kolumbus).*
Las vacaciones de Navidad son del 22 de diciembre al 7 u 8 de enero.	Die Weihnachtsferien sind vom 22. Dezember bis zum 7. oder 8. Januar.
El 6 de enero es festivo en España, es el día de los Reyes Magos.	Der 6. Januar ist in Spanien ein Feiertag, es ist der Tag der Heiligen Drei Könige.
Por Semana Santa los alumnos en España suelen tener sólo una semana de vacaciones.	Zu Ostern haben die Schüler in Spanien normalerweise nur eine Woche Ferien.
El 23 de abril es el día internacional del libro y (se celebra) la festividad de San Jordi en Cataluña.	Der 23. April ist der Tag des Buches und in Katalonien feiert man das Fest von Sankt Jordi (des Heiligen Jordi).
Muchas personas se regalan un libro y una rosa ese día.	An diesem Tag schenken sich viele Menschen ein Buch oder eine Rose.

Las vacaciones estivales/de verano duran casi tres meses en España, desde mediados de junio hasta principios o mediados de septiembre.	Die Sommerferien in Spanien sind fast drei Monate lang, von Mitte Juni bis Anfang oder Mitte September.
En España no hay vacaciones en otoño.	In Spanien gibt es keine Herbstferien.
El próximo martes no tenéis clase porque los profesores tenemos una reunión del claustro (de profesores).	Nächsten Dienstag habt ihr unterrichtsfrei, da wir Lehrerkonferenz haben.

3. Unterricht gestalten

3.1 Sofortige Fehlerkorrektur mittels Lehrerecho

Corregir inmediatamente errores	**Sofortige Fehlerkorrektur mittels Lehrerecho**
Juan **quiere hablar** con sus padres	*querer + infinitivo*
Juan **quiere que** sus padres le compren una bicicleta.	*querer que + subjuntivo*
A Tim **le encanta** jugar al fútbol.	Satzbau und Pronomen bei Verben des Typs *gustar*
Tim **tiene el pelo** rubio y Tom **lo** tiene castaño.	*tener el pelo* + Farbe/Satzgliedverkürzung durch Pronomen
El inmigrante **intenta integrarse** en la sociedad española.	*intentar + Infinitiv*
Lo tratan **como si fuera** basura.	*como si + imperfecto de subjuntivo*
Es una palabra polisémica, es decir, que tiene varios significados.	Das ist ein polysemisches Wort, d.h., ein Wort mit mehreren Bedeutungen.
El primer significado es … y el segundo …	Die erste Bedeutung ist … und die zweite …

No está mal, pero yo diría mejor X.	Nicht schlecht, ich würde allerdings eher X sagen.
Está bien, pero estaría mejor si usaras "X" .	Das ist richtig/gut, aber besser wäre es, wenn du X benutzt.
La expresión es gramaticalmente correcta, pero es un estilo muy coloquial.	Grammatikalisch ist das Wort richtig, es ist aber sehr umgangssprachlich.
"XY" es una expresión coloquial. En tu comentario debes usar otro registro (un registro más formal). Se diría "...".	XY ist Umgangssprache. Du musst in deinem Kommentar ein anderes Sprachregister wählen. Hier würde man ... sagen.

Aussprache verbessern

Mejorar la pronunciación	**Aussprache verbessern**
¿Puedes repetirlo, por favor, no he entendido lo que has dicho?	Kannst du das bitte wiederholen? Ich habe nicht verstanden, was du gesagt hast.
¿Puedes repetir la palabra poniendo atención a la pronunciación?	Kannst du das Wort wiederholen und dabei auf deine Aussprache achten?
¡Ten cuidado con la pronunciación!	Pass auf deine Aussprache auf!
Muy bien, pero tienes que tener cuidado con la pronunciación	Sehr gut, aber du musst auf deine Aussprache achten.
¡Escucha otra vez y luego repite!	Hör noch einmal zu/hin und wiederhole es dann.
¡Repítelo prestando más atención a la pronunciación!	Wiederhole es und achte dabei auf deine Aussprache!
En Latinoamérica se pronuncia "X" porque se habla otra variante del español.	In Lateinamerika spricht man es X aus, da es sich um eine Sprachvariante handelt.
la variación lingüística	Sprachvarietät

Schüler zur Selbst- und Fremdkorrektur anleiten

Iniciar el proceso de auto- y co-corrección de errores	**Schüler zur Selbst- und Fremdkorrektur anleiten**
¿Es correcto/incorrecto/falso?	Ist das richtig/falsch?
No es del todo correcto, ¡piensa un poco!	Das ist nicht ganz richtig, denk noch einmal nach/überleg noch einmal.
¿Cómo se pronuncia esta palabra?[5]	Wie spricht man dieses Wort aus?
¿Alguien puede corregir/mejorar la pronunciación de esta palabra?	Kann jemand die Aussprache dieses Wortes verbessern?
¿Está bien escrita la palabra?	Ist das Wort richtig geschrieben?
¿"Casa" se escribe con "s" o con "z"?	Schreibt man *casa* mit "s" oder mit "z"?
¿Cómo se escribe "huérfano" con "h" o sin "h"?	Wie schreibt man *huérfano*, mit oder ohne "h"?
¿Estás/Estáis seguros que se escribe así?	Bist du/Seid ihr sicher, dass man es so schreibt?
¿Estáis de acuerdo? ¿Se escribe "describir" con "v"?	Seid ihr einverstanden? Schreibt man *describir* mit „v"?
¿Quién puede explicar el significado de la palabra en español?	Wer erklärt die Bedeutung auf Spanisch?
¿Lo habéis entendido?/ ¿Quién no lo ha entendido?	Habt ihr das verstanden?/ Wer hat das nicht verstanden?
¿Quién puede volver a explicarlo?	Wer kann das noch einmal erklären?
¿Quién puede explicarlo con sus propias palabras en español?	Wer kann das mit eigenen Worten auf Spanisch erklären?

[5] Hierbei ist es notwendig, das betreffende Wort (z. B. *hambre*, *cesta*, *gesto*, *garaje*) an die Tafel zu schreiben oder auf Folie zu unterstreichen.

¿Alguien conoce la traducción al alemán/español?	Kennt/Weiß jemand die deutsche/ spanische Übersetzung?
¿Cómo se podría mejorar la expresión/la frase/la argumentación?	Wie könnte man Tims Ausdruck/ Satz/Argumentation verbessern?
¡Piensa/Pensad un poco! ¿Dónde lleva la palabra el acento, en la última o en la penúltima sílaba?	Denk/Denkt noch einmal nach! Wo trägt das Wort den Akzent, in der letzten oder vorletzten Silbe?
Ojo: Se dice "quiero **que** ..." (quiero que + Subjuntivo)	Vorsicht: Man sagt: ... (*und vom Schüler vervollständigen lassen*)!
Ojo: Es **una** cas**a** blanc_	

3.2 Wortschatzarbeit

Vokabeln lernen und Wortschatz erweitern

Aprender y ampliar el vocabulario	**Vokabeln lernen und das Vokabelrepertoire erweitern**
Tim ¿Cómo sueles estudiar el vocabulario?	Tim, wie lernst du normalerweise Vokabeln?
¿Quién conoce otro método para aprender el vocabulario?	Wer kennt eine andere Methode, um Vokabeln zu lernen?
deducir el significado	die Bedeutung ableiten
derivar el significado de otras lenguas similares	die Bedeutung aus anderen ähnlichen Sprachen ableiten
memorizar el vocabulario	Vokabeln auswendig lernen
retener el significado	die Bedeutung beibehalten
el mecanismo de formación de palabras	das Wortbildungsverfahren
el campo semántico	das Wortfeld

Para estudiar el vocabulario temático podéis hacer un mapa mental, una lista con la traducción, etc.	Um das themenspezifische Vokabular zu lernen, könnt ihr eine Mindmap, eine Wortliste (Spanisch-Deutsch) erstellen etc.
Para estudiar mejor el vocabulario podéis escribir un sinónimo o un antónimo de la palabra.	Um (noch) besser Vokabeln zu lernen, könnt ihr ein Synonym oder Antonym des Wortes aufschreiben.
Cuando estudiéis el vocabulario, no olvidéis escribir el género.	Wenn ihr Vokabeln lernt, vergesst nicht, das Geschlecht mit aufzuschreiben.
Para practicar más el vocabulario podéis escribir su definición en español.	Schreibt die Definition des Wortes auf, um das Vokabular noch besser/effizienter zu üben.
Para repasar el vocabulario temático de forma más eficaz vamos a hacer un mapa mental.	Um den Wortschatz effizienter zu wiederholen, werden wir eine Mindmap erstellen.
Otras palabras de la familia son …	Andere Wörter der Wortfamilie sind …
¿Qué significa "gamín"?	Was bedeutet *gamin*?
En francés/En inglés es casi la misma palabra.	Auf Französisch/Englisch ist es fast dasselbe Wort.
Si es necesario podéis consultar el diccionario/el glosario del libro.	Wenn es nötig ist, könnt ihr im Wörterbuch/im Glossar des Buches nachschlagen.
¡Buscad en el texto las expresiones/palabras relacionadas con el tema "X"!	Sucht im Text die Ausdrücke/Wörter, die mit dem Thema Kinderarmut in Zusammenhang stehen.
¡Forma/Formad una frase con palabra/utilizando la palabra "X"!	Bilde/Bildet einen Satz mit dem Wort X, in dem ihr das Wort X verwendet!
¿Alguien conoce alguna palabra de la misma familia?	Kennt jemand ein Wort, das zur selben Wortfamilie gehört?

Otras palabras del campo semántico de las emociones son: tristeza, alegría, …	Andere Wörter aus dem Wortfeld Gefühle sind: Traurigkeit, Freude,…
A veces, en Latinoamérica se utilizan otras palabras que en España.	Bisweilen/Manchmal gebraucht man in Lateinamerika andere Ausdrücke/Wörter als in Spanien.
¿Alguien conoce un sinónimo/antónimo de la palabra "X"?	Kennt jemand ein Synonym/Antonym des Wortes X?
Aquí "pasar" significa "verbringen", pero puede tener otros significados en otros contextos	Hier bedeutet *pasar* „verbringen". In anderen Kontexten kann es aber auch eine andere Bedeutung haben.
"afección" es del mismo campo semántico, pero en este caso necesitamos un adjetivo, y no un nombre, es decir, "Después de haber leído y comprendido el mensaje del cuento **el lector está muy** …".	*afección* gehört zum selben Wortfeld, in diesem Fall aber benötigen wir ein Adjektiv, und nicht ein Nomen. Es heißt also: *„Después (…) el lector está muy …"*

Vorwissen aktivieren und Wortschatz reaktivieren

¿Qué palabras relacionáis con el tema de "Andalucía"?	Welche Wörter verbindet/assoziiert ihr mit dem Thema *„Andalucía"*?
Si pensáis en "Andalucía" ¿qué palabras se os ocurren?	Welche Wörter fallen dir ein, wenn du an *Andalucía* denkst?
Vamos a hacer una lluvia de ideas sobre el tema "bilingüismo en España"	Lasst uns ein Brainstorming machen zum Thema „Bilinguismus in Spanien".
¿Qué sabéis de los indígenas en Latinoamérica?	Was wisst ihr über die Ureinwohner in Lateinamerika?

3.3 Rechtschreibung und Grammatik erklären

Explicar la ortografía

Todas las palabras terminadas en "–ción" llevan acento gráfico/tilde en la "o".

Las palabras que terminan en "–ción" pierden el acento en plural, por ejemplo, "canciones" no lleva acento gráfico.

Rechtschreibung erklären

Alle Wörter, die auf *–ción* enden, tragen einen Akzent auf dem "o".

Wörter, die auf *–ción* enden, verlieren ihren Akzent im Plural, so z. B. *canciones*.

Explicar la gramática

El término correcto es género y no sexo. La "silla" tiene género femenino, pero no tiene sexo.

"No dinero" no es una frase. Para formar una frase necesitas un verbo.

La mayoría de las palabras terminadas en "–o" son de género masculino, pero existen algunas excepciones a esta regla, por ejemplo "la mano", "la foto", la radio"...

Las palabras que terminan en vocal forman el plural añadiendo una "s".

Existen algunas excepciones, como la palabra "marroquíes" que termina en vocal en singular y forma el plural con "es".

En español existen tres conjugaciones: la conjugación de los verbos terminados en –ar, en –er o en –ir.

Grammatik erklären

Der richtige Ausdruck/Terminus lautet „Genus", und nicht „Sex bzw. Geschlecht. *silla* (Stuhl) ist zwar weiblich, hat aber kein Geschlecht.

No dinero ist kein Satz. Um einen Satz zu bilden, benötigt man ein Verb.

Die meisten Wörter, die auf „–o" enden, sind männlich/männlichen Geschlechts. Es gibt aber einige Ausnahmen von dieser Regel, z. B. *la mano*, *la foto*, *la radio*, ...

Der Plural von Wörtern, die auf einen Vokal enden, bildet man, indem ein „s" angehangen wird.

Es gibt einige Ausnahmen, wie z. B. das Wort *marroquíes*, das auf einem Vokal endet und seinen Plural mit „*es*" bildet durch das Hinzufügen der Pluralendung „*es*".

Im Spanischen gibt es drei Konjugationen/Konjugationsgruppen: die Konjugation(sgruppe) der Verben, die auf *–ar*, *–er* oder auf *–ir* enden.

En presente, "querer" es un verbo con cambio vocálico/diptongación (en su raíz) de "e" a "ie"

Im Präsens ist *querer* Verb mit Stammvokalwechsel (Diphtong) von „*e*" zu „*ie*". *(Schreibweise: querer (e >ie))*

"nosotros" y "vosotros", o sea la primera y segunda persona del plural (del presente), no sufren cambio vocálico. Es decir: "queremos" y "queréis".

Ohne Stammvokalwechsel sind die erste und zweite Person Plural Präsens des Verbs *querer*. Also: *queremos* und *queréis*.

"salir" es un verbo irregular en la primera persona del singular, "yo salgo". Las demás personas son regulares.

Die erste Person Singular des Verbs *salir* ist unregelmäßig: *yo salgo*. Die übrigen Personen des Präsens Indikativ sind regelmäßig.

El verbo "poner" en presente se conjuga como el verbo "salir".

poner wird im Präsens Indikativ wie *salir* konjugiert.

"soler + infinitivo" es una perífrasis verbal.

soler + infinitivo ist eine Verbal-Periphrase.

En inglés el "presente continuo" (estar + gerundio) se llama "present progressiv". Es algo que se hace en un momento determinado. En realidad no existe una correspondencia directa en alemán.

Im Englischen spricht man beim *presente continuo* von *present progressiv*. Es handelt sich dabei um eine Tätigkeit, die man gerade ausführt. Eigentlich gibt es dafür keine deutsche Entsprechung.

El **pretérito indefinido** tiene muchas formas irregulares. Es conveniente aprenderlas de memoria.

Das Präteritum (*indefinido*) besitzt viele unregelmäßige (Verb-)Formen. Es ist ratsam, sie zu lernen.

¿Quién conoce las diferencias en el uso de los tiempos del pasado?

Wer kennt die Unterschiede beim Gebrauch der Zeiten der Vergangenheit?

Tenéis que imaginaros los tiempos del pasado como en una obra de teatro. El "imperfecto" es el decorado de lo que sucede en la obra, y el indefinido es el actor que interrumpe la acción.

Ihr müsst euch die Zeiten der Vergangenheit als Theaterstück vorstellen: *imperfecto* stellt das Bühnenbild des Geschehens dar und *indefinido* ist der eigentliche Schauspieler, der die Handlung unterbricht.

Con el **pretérito pluscuamperfecto** se expresa la anterioridad, es decir, muestra el pasado del pasado.

Mit dem *pretérito pluscuamperfecto* drückt man die Vorzeitigkeit aus, d. h., es zeigt die Vergangenheit der Vergangenheit an.

El **subjuntivo** no es un tiempo, sino un modo.

Der Konjunktiv ist keine Zeit, sondern ein Modus.

Dos reglas de oro para formar el presente de subjuntivo:

1. Para derivar la mayoría de las raíces irregulares siempre se parte de la primera persona del singular del presente de indicativo del verbo.

   Ejemplo
   conocer → yo **conozc**o

2. En subjuntivo las terminaciones son al revés a lo habitual: Los verbos en –ar terminan en –e, y los en –ir y –er terminan siempre en –a.

   Ejemplo
   hablar → yo hable
   conocer → yo conozca
   vivir → yo viva.

Zwei goldene Regeln zur Bildung des *subjuntivo* im Präsens:

1. Um die meisten unregelmäßigen Formen des *subjuntivo* im Präsens zu erfassen, geht man immer vom Verbstamm der ersten Person Singular Präsens Indikativ aus.

2. Im *subjuntivo* im Präsens sind Endungen genau umgekehrt zum Gewohnten: Die Verben auf *–er* und *–ir* enden auf *–a* und die Verben auf *–ar* enden auf *–e*.

3.4 Lernspiele zur Wortschatz- und Grammatikwiederholung

Juegos educativos

un juego para repasar el vocabulario/la gramática

Lernspiele

ein Spiel zum Wiederholen des Wortschatzes/der Grammatik

El bingo de los números

Zahlenbingo

El juego "activity" o adivinar la palabra	**Begriffe raten mit *activity***
Se divide a los estudiantes en dos grupos. Alternando uno de cada grupo tiene que sacar una palabra de una bolsa y puede elegir si la quiere **explicar**, **dibujar** o **representar**. Gana el grupo que haya adivinado la mayoría de las palabras.	
Veo veo ...	**Ich sehe was, was du nicht siehst**
Veo veo *¿Qué ves?* Una cosita *¿Y qué cosita es?* Empieza con la „A"	
En mi maleta llevo	**Köfferchen packen**
¿Qué os parece si repasamos el vocabulario de la ropa jugando al juego de "en mi maleta llevo"?	Was haltet ihr davon, den Wortschatz zur Kleidung zu wiederholen, indem wir „Ich packe meinen Koffer (und lege ein ... hinein)" spielen?
¿Conocéis el juego de "en mi maleta llevo"?	Kennt ihr das Spiel ...?
¿Cómo sigue el juego?	Wie geht das Spiel weiter?
¿A quién le toca?	Wer ist dran?
¿Me toca a mí?	Bin ich dran?
¿Qué hacemos ahora?	Was machen wir jetzt?
No, le toca a tu compañero	Nein, dein Nachbar/Partner ist dran/an der Reihe.
Para jugar a conjugar los verbos necesitáis dos dados por grupo.	Für das Konjugationsspiel benötigt ihr pro Gruppe zwei Würfel.
¡Te toca! ¡Tira el dado!	Du bist dran/an der Reihe! Würfle!

Tú tienes la ficha verde y tu compañero la roja.	Du hast den grünen Spielstein und dein Mitschüler/Partner den roten.
¿Sigo?	Soll ich weiterspielen? Soll ich weitermachen?
Ha salido un cinco, es decir, tienes que conjugar el verbo con la segunda persona del plural, "vosotros".	Du hast eine 5 gewürfelt/Es ist eine 5 gewürfelt worden, also musst du das Verb in die zweite Person Plural, „*vosotros*" (ihr), konjugieren.
No, tu turno ya ha pasado, ahora le toca a tu compañero.	Nein, du bist nicht mehr dran/nicht du bist an der Reihe, dein Partner/ Mitschüler ist an der Reihe.
El equipo ganador es el equipo amarillo.	Der Gruppensieger ist die gelbe Gruppe.
Y, desgraciadamente, el equipo rojo ha quedado en última posición.	Und leider belegt die rote Gruppe den letzten Platz.
Tenéis dos minutos para apuntar todas las palabras y expresiones que tengan que ver con el tema de "X".	Ihr habt zwei Minuten Zeit, um alle Begriffe aufzuschreiben, die mit dem Thema „X" zu tun haben.
¡Preparados, listos, ya!	Auf die Plätze, fertig, los!
¡A la una, a las dos y a las tres!	Eins, zwei, drei!

3.5 Schulung der Text- und Medienkompetenz: Beispiele zur Ausgestaltung entsprechender Aufgabenapparate

Von der Bildbeschreibung zur Interpretation

la imagen	Bild
la fotografía	Foto
el cuadro	Bild (eines Künstlers)
el dibujo	Zeichnung
la caricatura	Karikatur
la viñeta	Cartoon
la historieta	Bildergeschichte

Ejemplo de actividades para el empleo de una publicidad

Por el ojo de la cerradura ves sólo una parte de la publicidad.

1. ¿Qué es lo que ves?
2. ¿Para qué producto podría ser la publicidad?
3. Mira ahora toda la publicidad.

a) ¿Corresponde la publicidad con lo que te esperabas?

b) ¿Qué efecto te produce la publicidad?

Beispiel eines Aufgabenapparates für den Einsatz einer Werbung

Durch das Schlüsselloch erkennst du nur einen Teil der Werbung.

1. Was siehst du?
2. Für welches Produkt könnte hier Werbung gemacht werden?
3. Schau dir nun die gesamte Werbung an.

a) Stimmt die Werbung mit deiner Vorstellung überein?

b) Welche Wirkung hat die Werbung (auf dich)?

Ejemplo de actividades para el empleo de diferentes caricaturas

Elige una de las cuatro caricaturas (A–D) y prepara una charla de unos cinco minutos tomando en consideración las actividades siguientes:

1. Describe los rasgos centrales de la caricatura.
2. Explica qué mensaje quiere transmitir el caricaturista con ella y cómo lo transmite teniendo en cuenta el efecto que produce en el espectador.
3. Comenta la situación actual en España tal como se refleja en esta caricatura.

Beispiel eines Aufgabenapparates für den Einsatz von verschiedenen Karikaturen

Wähle eine der Karikaturen (A–D) und bereite ein Kurzvortrag von ca. fünf Minuten vor unter Berücksichtigung folgender Aufgaben:

1. Beschreibe die wesentlichen Kennzeichen der Karikatur.
2. Erkläre, welche Botschaft der Karikaturist mit dem Cartoon vermitteln möchte und wie er sie vermittelt. Berücksichtige dabei die Wirkung auf den Betrachter.
3. Kommentiere die Art und Weise, wie die aktuelle Situation in Spanien in der Karikatur widergespiegelt wird.

Umgang mit Hör(seh)texten (Erfahrungsberichte, Lieder, Fernsehspot, Filmausschnitt)

Hör(seh)texte

El audiotexto/el texto de audio/el texto auditivo	Hörtext
el podcast	das Podcast
las noticias (de radio)	die (Radio-)Nachrichten
el debate	die Debatte
el testimonio	der Erfahrungsbericht
la canción	das Lied
el poema	das Gedicht
el audiolibro	das Hörbuch
…	…
la primera/segunda/tercera	das erste/zweite/dritte
la audición	das Hören
la película	der Film
el film	s. o.
el videoclip	Videoclip
la campaña publicitaria	Werbekampagne
el anuncio	(Werbe-)Spot
la toma	Einstellung
la escena	Filmszene
la secuencia visual	Filmsequenz
la imagen congelada/fija	Standbild
el primer/segundo/tercer visionado	das erste/zweite/dritte Sehen
la primera/segunda/tercera proyección	die erste, … Vorführung
Ejemplo de actividades para el empleo de testimonios	**Beispiel eines Aufgabenapparates für den Einsatz von Erfahrungsberichten**
Escucha los testimonios de X y Y para decidir cuáles de las siguientes afirmaciones corresponden con lo que dicen.	Hör dir die Erfahrungsberichte von X und Y an, um zu entscheiden, welche dieser Aussagen mit dem, was sie sagen, übereinstimmen.
Escucha de nuevo los testimonios y apunta otros aspectos que has entendido.	Hör dir die Erfahrungsberichte erneut an und notiere andere Aspekte, die du verstanden hast.

Para terminar explica y comenta la manera de X de contar sus experiencias hechas en Alemania.	Erkläre und kommentiere letztendlich die Art und Weise, mit der X über seine in Deutschland gemachten Erfahrungen berichtet.
Canciones	**Lieder**
la canción	das Lied
el/la cantante	der Sänger/die Sängerin
el cantautor	der Liedermacher, Songwriter
la estrofa	die Strophe
el estribillo	der Refrain
el mensaje de la canción	die Botschaft des Liedes
el yo lírico	das lyrische Ich
En una canción los párrafos se llaman estrofas.	Bei einem Lied heißen die Abschnitte „Strophen".
¿Qué os parece …	Was haltet ihr von …/ Wie gefällt euch …
... la voz del/de la cantante?	… die Stimme des Sängers/ der Sängerin
... la melodía?	… die Melodie?
... la elección del tema?	
... el ritmo?	… der Rhythmus?
¿Qué instrumentos se tocan en la canción?	Welche Instrumente werden im Lied gespielt?

Ejemplo de actividades para el empleo de una canción	**Beispiel eines Aufgabenapparates für den Einsatz eines Liedes**
En total vais a escuchar la canción tres veces.	Ihr werdet das Lied insgesamt drei Mal hören.
• Centraos en un primer momento a escucha la música. ¿Qué os parece? ¿Qué os llama la atención? ¿Qué os sugiere?	• Konzentriert euch beim ersten Hören auf die Musik. Was haltet ihr von ihr? Was ist euch aufgefallen? Wie wirkt sie auf euch?

- Apuntad después de e oír la segunda audición todas las palabras y expresiones que hayáis entendido/palabras clave.

  Formulad después, a base de vuestros apuntes, el tema de la canción.
- En la última audición escuchad atentamente lo que le reprocha el yo lírico a su pareja.

- Macht euch nach dem zweiten Hören Notizen über alle Wörter, die ihr verstanden habt./Notiert Schlüsselwörter, die ihr verstanden habt.

  Formuliert anschließend auf der Grundlage eurer Notizen das Thema des Liedes.
- Hört beim letzten Hören genau hin, was das lyrische Ich seinem Partner vorwirft.

Otras instrucciones auditivas

En la primera audición tenéis que ordenar algunos versos e intentar completar la letra con las palabras/expresiones que faltan.

Después de la primera audición podéis comparar vuestros resultados con los de vuestros compañeros.

Se trata de una audición global, sólo tenéis que entender el tema de la canción/a quién está dedicada/los rasgos generales ...

Es una audición en detalle[6], así que os tenéis que concentrar solamente en las palabras que faltan.

Weitere Höraufträge

Beim ersten Hörverstehen müsst ihr einige Verse in die richtige Reihenfolge bringen und versuchen, den Text mit den fehlenden Wörtern zu vervollständigen.

Nach dem ersten Hören könnt ihr eure Ergebnisse mit den Ergebnissen eurer Partner vergleichen.

Es handelt sich (hier) um ein globales Hörverstehen. Ihr müsst nur das Thema des Liedes/wem der Autor das Lied gewidmet hat/allgemeine Kennzeichen/ ... verstehen.

Es ist ein detailliertes Hörverstehen, daher müsst ihr euch nur auf die fehlenden Wörter konzentrieren.

6 Aus fachdidaktischer Sicht handelt es sich hierbei nicht um ein detailliertes Hörverstehen im eigentlichen Sinne, sondern vielmehr um ein selektives Hörverstehen einzelner Wörter. Lückentexte werden beim Einsatz von Liedern zwar häufig verwendet, sind aber kontraproduktiv bei der Schulung des Hörverstehens. Bei der Vervollständigung von Lückentexten konzentrieren sich die Schüler nicht mehr auf den Kontext, sondern nur noch auf einzelne Begriffe, deren Bedeutung sie mitunter noch nicht einmal kennen.

En la segunda audición tenéis que fijaros en el contenido de la canción. Por eso leed antes de la segunda audición el cuestionario/las afirmaciones de la actividad de correcto-falso/de la actividad de selección múltiple.

Beim zweiten Hören müsst ihr auf den Liedinhalt achtgeben. Lest daher vorher den Fragenkatalog/die Richtig-Falsch-/Multiple-Choice-Antworten.

Imaginad dos estrofas más de la canción.

Denkt euch zwei weitere Strophen zum Lied aus.

Escribe dos estrofas más de la canción imaginando ...

Schreib zwei weitere Strophen, in denen du dir ... ausdenkst.

¿Os parece adecuada la música/melodía para hablar del tema?

Erscheint euch/Haltet ihr die Musik/Melodie geeignet, um über das Thema „X" zu sprechen?

Si queréis, podéis cantar también.

Wenn ihr wollt, könnt ihr (auch) mitsingen.

Ejemplo de actividades para el uso de un video

Beispiel eines Aufgabenapparates für den Einsatz eines Videos

1. Actividad de previsionado

   Apunta en qué piensas al escuchar la expresión "X".

1. Vor dem Sehen

   Notiere, woran du denkst, wenn du den Ausdruck ... hörst.

2. Primer visionado

   a) Fíjate en las imágenes. ¿Qué te llama la atención?

   b) Quizás hayas entendido algo. Apúntalo.

2. Erstes Sehen

   a) Schau dir die Bilder an. Was fällt dir auf?

   b) Vielleicht hast du ja etwas verstanden. Schreib es auf.

3. Segundo (y tercer) visionado

   Escucha atentamente y marca las respuestas correctas.

3. Zweites (und drittes) Sehen

   Hör genau hin und markiere die richtigen Antworten.

4. Actividad de posvisionado

¿Qué ventajas y desventajas resultan de …? Piensa también en aspectos que no se mencionan en el vídeo.

4. Nach dem Sehen

Welche Vor- und Nachteile ergeben sich aus der …? Denk auch an Aspekte, die nicht im Video erwähnt werden.

Ejemplos de actividades para el uso de una escena de una película:

Vais a ver una escena de la película sin la banda sonora/sin sonido.

1. Describid el ambiente y las relaciones interpersonales que se pueden percibir.
2. ¿Qué dirán los dos personajes en esta escena?

   Redactad en parejas la conversación entre los dos personajes teniendo en cuenta vuestras primeras impresiones (1).

   Ensayad la escena con el diálogo.
3. Mirad la escena original (con sonido) y escuchad con atención de lo que hablan.
4. ¿Hay características comunes y diferencias entre vuestras versiones y la versión original? ¿Cuáles son?

Beispiel eines Aufgabenapparates für eine Filmszene:

Ihr werdet die Filmszene ohne Ton(-streifen) sehen.

1. Beschreibt die Stimmung und die zwischenmenschlichen Beziehungen, die man wahrnehmen kann.
2. Was könnten die beiden Figuren in dieser Szene sagen?

   Schreibt in Partnerarbeit das Gespräch zwischen den beiden Personen auf und berücksichtigt dabei eure Ersteindrücke.

   Probt die Szene mit dem Dialog
3. Schaut euch die Originalszene (mit Ton) an und hört aufmerksam hin, worüber sie sprechen.
4. Gibt es Gemeinsamkeiten und Unterschiede zwischen euren Versionen und der Originalversion? Welche?

Umgang mit fiktionalen und nicht-fiktionalen Texten

Fiktionale und nicht-fiktionale Texte

El texto literario
un cuento de hadas
un cuento/una novela corta

Der literarische Text
ein Märchen
eine Kurzgeschichte/eine Erzählung

una novela	ein Roman
una fábula	eine Fabel
una leyenda	eine Legende
una comedia	eine Komödie
una tragedia	eine Tragödie/ein Drama
un poema	ein Gedicht
una canción	ein Lied
un monólogo/diálogo interior	ein innerer Monolog
…	…
El texto no literario	**Der nicht-fiktionale Text**
un artículo periodístico	ein Zeitungsartikel
una noticia	eine Nachricht
una carta al director	ein Leserbrief
una columna	eine Kolumne
un testimonio	ein Erfahrungsbericht
un reportaje	eine Reportage
un discurso	eine Rede
una entrevista	ein Interview
una entrada de blog	ein Blogeintrag
una entrada de diario	ein Tagebucheintrag
un e-mail/un correo electrónico	eine E-Mail
una receta	ein Rezept
un horóscopo	ein Horoskop
…	…
Tipos de textos periodísticos	Arten von Zeitungsartikeln
• textos informativos (la noticia, el reportaje …)	• informative Texte (z. B. Nachricht, Reportage, …)
• textos de opinión (el artículo, el editorial, la columna …)	• Meinungstexte (z. B. Zeitungsartikel, Leitartikel, Kolumne, …)
• textos mixtos de información y opinión (la crónica, la crítica …)	• Mischtexte (Chronik, die Kritik, …)
Otras tipologías	Weitere Typologien
el texto argumentativo	der argumentative Text
el texto descriptivo	der deskriptive Text
el texto explicativo	der explikative Text (Rezept, Anleitung, …)
el texto narrativo	der narrative Text (Reisebericht, …)

el narrador en primera persona	der Ich-Erzähler
el yo narrador	s. o.
el narrador en tercera persona	der Er-Erzähler
el narrador omnisciente	der allwissende Erzähler (auktoriale Erzählperspektive)
el narrador protagonista/personal	der personale Erzähler/die personale Erzählperspektive
el narrador objetivo/testigo	der neutrale Erzähler (Beobachter)
el resumen	die Inhaltsangabe
el análisis (explícito o implícito)	die (explizite oder implizite) Analyse
el comentario	der Kommentar
la actividad creativa	die kreative Aufgabe
El comentario dirigido se divide en tres actividades: el resumen, el análisis y el comentario.	Den *comentario dirigido* (den gelenkten Kommentar) unterteilt man in drei Aufgaben: Inhaltsangabe, Analyse und Kommentar.
Resumen	**Inhaltsangabe/Zusammenfassung**
Para escribir un resumen, tenéis que utilizar vuestras propias palabras.	Um eine Inhaltsangabe zu verfassen, löst man sich vom Originaltext und gibt den Inhalt in eigenen Worten wieder.
El tiempo que se usa para escribir el resumen es el presente.	Bei einer Inhaltsangabe verwendet man den Präsens.
El resumen es un texto objetivo, es decir, no se puede ni citar, ni expresar su propia opinión sobre el tema.	Eine Inhaltsangabe ist ein objektiver/neutraler Text, d. h., man darf weder den Text zitieren, noch darf die eigene Meinung zum Ausdruck kommen.
Normalmente el resumen es un tercio del texto original.	Normalerweise umfasst eine Inhaltsangabe ein Drittel des Originaltextes.
Antes de empezar a escribir haceos para cada párrafo notas, un croquis o un mapa mental con lo que queréis escribir.	Macht euch Notizen zu jedem Textabschnitt oder erstellt eine Skizze oder eine Mindmap zu euren Verstehensinseln.

También tenéis que prestar atención a las informaciones suplementarias del texto. Observad las fotos, quién es el autor, el subtítulo también puede ser importante.	Beachtet auch die Zusatzinformationen des Textes. Schaut euch die Fotos an, wer der Autor ist, der Untertitel kann auch wichtig sein.
Estructurad vuestras notas/ideas antes de empezar a escribir	Strukturiert eure Notizen/Gedanken, bevor ihr mit dem Schreiben beginnt.
Después de haber terminado, tenéis que controlar la ortografía y la gramática. Si hay concordancia entre los verbos y el sujeto, entre nombres y adjetivos, etc.	Korrigiert, nachdem ihr (mit dem Verfassen der Inhaltsangabe) fertig seid, euren Text auf Rechtschreibung und Grammatik. Habt ihr auf die Angleichung zwischen Verb und Subjekt, zwischen Adjektiv und Bezugswort (Substantiv) etc. geachtet?
Las cinco reglas de oro para escribir un resumen son:	**Die fünf goldenen Regeln zum Verfassen einer Inhaltsangabe:**
1. Escribe una frase introductoria con las informaciones más importantes: datos bibliográficos (autor, título, tipo de texto, lugar y fecha de publicación) y el tema principal.	1. Schreib einen Einleitungssatz mit den wichtigsten Informationen zu den bibliographischen Daten (Autor, Titel, Textsorte, Erscheinungsort und -datum) und dem zentralen Thema des Textes.
2. Normalmente el resumen se escribe en presente.	2. Die Inhaltsangabe wird i.d.R. im Präsens verfasst.
3. Su estilo es objetivo, claro y neutro: sin citas, ni opiniones personales, ni comentarios o valoraciones.	3. Ihr Stil ist objektiv, klar und neutral: ohne Zitate, persönliche Stellungnahme, Kommentare oder Wertungen.
4. Redacta un texto coherente estructurando tu resumen en párrafos y usando enlaces para conectar las ideas y las frases de forma lógica y ordenada.	4. Verfasse einen kohärenten Text, indem du deine Inhaltsangabe in (Sinn-)Abschnitte strukturierst und [zur Leserlenkung] *enlaces* (Konnektoren etc.) verwendest, die deine Gedanken und Sätze logisch ordnen und miteinander verbinden.
5. El resume es un tercio de texto original.	5. Die Inhaltsangabe umfasst nur ein Drittel des Originaltextes.

Análisis y comentario	**Analyse und Kommentar**
El análisis del texto es también una tarea objetiva. Tenéis que reconocer la posible intención/la postura del autor sobre el tema.	Auch die Textanalyse ist eine objektive Aufgabe. Ihr müsst die mögliche Intention/die Haltung des Autors zum Thema erkennen.
No olvidéis en el análisis citar vuestra argumentación y escribir en qué línea o líneas se encuentra dicha información.	Vergesst bei der Analyse nicht eure Argumentation am Text zu belegen (mittels Zitate) und gebt dazu die Zeilenangaben an.
En el análisis se puede analizar tanto el contenido como el lenguaje.	Bei der Analyse kann sowohl der Inhalt als auch die Sprache untersucht werden.
El autor puede utilizar diferentes recursos estilísticos para llamar la atención (del lector) sobre el tema/ para crear empatía con el protagonista/para provocar la compasión del lector.	Der Autor verwendet stilistische Mittel, um die Aufmerksamkeit (des Lesers) auf das Thema zu lenken/um Empathie mit dem Protagonisten zu erzeugen/um Mitleid beim Leser zu wecken.
El comentario es una actividad subjetiva, en ella podéis/debéis expresar vuestra propia opinión sobre el tema sin olvidar de relacionar vuestras ideas/ vuestra opinión con los puntos clave del texto.	Der Kommentar ist eine subjektive Aufgabenstellung/subjektiv zu lösende Aufgabe, in der ihr unter Berücksichtigung einer angemessenen Textanbindung eure eigene Meinung zum Thema äußern dürft/ sollt.
Pensad que en el monólogo/diálogo interior tenéis que poneros en el lugar del protagonista/del personaje.	Denkt daran, dass ihr euch beim inneren Monolog in den Protagonisten/die Figur hineinversetzen müsst/ euch in die Lage des Protagonisten/ der Figur versetzen müsst.
El comentario puede ser por ejemplo una carta al director o una entrada en un blog en la que expresáis vuestro punto de vista sobre el tema. No obstante hay que establecer la relación con el texto.	Ein Kommentar kann z. B. ein Leserbrief oder ein Blogeintrag sein, in dem ihr eure Meinung zum Thema kundtut. Nichtsdestoweniger muss man konkrete Bezüge zum Originaltext herstellen.

Ejemplos de actividades	**Beispiele zu den Aufgabenapparaten**
Comprensión (escrita/lectora)	**Informationsaufnahme: Leseverstehen**
Presenta a Rutilio y las condiciones en las que vive.	Stelle Rutilio vor und die Lebensbedingungen, in denen er lebt.
Describe la situación en la que se encuentra el protagonista.	Beschreibe die Situation, in der sich der Protagonist befindet.
Resume lo que llegas a saber de Juan.	Fasse zusammen, was du über Juan erfährst.
Análisis explícito/implícito	**Informationsverarbeitung: explizite/implizite Analyse**
Examina la función de la última frase para el mensaje del texto.	Untersuche die Funktion des letzten Satzes für die Botschaft des Textes.
Analiza las técnicas narrativas (título – perspectiva narrativa – tiempo y espacio) que usa la autora en este fragmento explicando su efecto.	Analysiere die Erzähltechnik, die die Autorin … in diesem Fragment verwendet, und erkläre ihre Wirkung.
Basándote en este fragmento, qué podría pensar la hija en esta situación. Redacta el monólogo interior de la hija.	Auf der Grundlage dieses Fragmentes, was könnte die Tochter in dieser Situation denken? Verfasse einen inneren Monolog der Tochter.
¿Cómo podría seguir la escena? – Continúa el fragmento de la novela teniendo en cuenta la reacción de Ana.	Wie könnte die Szene weitergehen? Setze den Romanausschnitt fort und berücksichtige dabei Anas Reaktion.
Comentario	**Informationsbewertung: Kommentar**
Comenta la situación actual en España tal como se refleja en estos dos textos.	Kommentiere die aktuelle Situation in Spanien, so wie sie in den beiden Texten widergespiegelt wird.

Partiendo de la situación presentada, escribe desde el punto de vista de un estudiante de Erasmus una carta al director del periódico barcelonés "La Vanguardia" en la que comentas el artículo que acabas de leer.

Schreibe – ausgehend von der beschriebenen/dargestellten Situation – einen Leserbrief an die katalanische Zeitschrift *La Vanguardia* aus der Sicht eines Erasmusstudenten, in dem du den gelesenen Artikel kommentierst.

4. Feedback geben (loben und motivieren) und evaluieren

Motivar y felicitar	**Motivieren und loben**
¡Muy bien! ¡Sigue así!	Sehr gut! Weiter so!
¡Muy buena pronunciación!	Sehr gute Aussprache!
¡Muchas felicidades por la nota/haber mejorado!	Glückwunsch zur Note/dass du dich verbessert hast.
Está muy bien, pero puedes mejorarlo.	Das ist gut, du kannst es dennoch verbessern.
El examen está mucho mejor que el último.	Die Arbeit ist besser ausgefallen als die letzte.
Sigue trabajando así y mejorarás tu nota.	Arbeite weiter so und du wirst deine Note verbessern.
Has progresado mucho desde el último examen.	Du hast große Fortschritte gemacht seit der letzten Klassenarbeit/Klausur.
El equipo que termine primero sin errores tendrá una recompensa/será premiado.	Die Gruppe, die als Erste ohne einen Fehler fertig wird, erhält einen Preis/wird prämiert.
Si sigues trabajando así puedes mejorar tu nota.	Wenn du so weiterarbeitest, kannst/wirst du deine Note verbessern können.
Estudiando/Trabajando así, mejorará mucho tu nota.	Indem du so weiterarbeitest, wirst du deine Note deutlich/sehr verbessern.

¡Felicidades! ¡Has mejorado mucho!	Herzlichen Glückwunsch, du hast dich sehr verbessert.
¡Enhorabuena! El examen está muy bien.	Herzlichen Glückwunsch! Die Klassenarbeit/Klausur ist sehr gut geworden.
El examen está mucho mejor. Se ve que has trabajado mucho en las últimas semanas.	Die Arbeit/Klausur ist viel besser geworden. Man sieht, du hast in den letzten Wochen viel gearbeitet/daran gemacht.
Aún puedes mejorarlo.	Du kannst es (die Arbeit, den Text, die Inhaltsangabe, ...) noch verbessern.
No está mal, pero creo que puedes hacerlo mejor.	Das ist gar nicht mal schlecht, ich denke aber, du kannst das besser.
¡Muy buena idea!	Sehr gute Idee!
¡Buen trabajo!	Gute Arbeit!/Leistung!
¡Bien hecho!	Gut gemacht!
¡Perfecto!/¡Genial!	Perfekt!/Klasse!
¡Inténtalo otra vez!	Versuche es noch einmal!
Tienes que volver a repasar …	Du solltest/musst … wiederholen.
El contenido está bien, pero tienes que prestar más atención a la gramática.	Der Inhalt ist gut, aber du musst dich mehr auf die Grammatik konzentrieren.
¡Mucha suerte con el examen!	Viel Glück bei der Arbeit/Klausur!
Evaluar	**Evaluieren/bewerten**
La nota final se compone de dos partes: un cincuenta por ciento cuentan los resultados en exámenes escritos u orales, el otro cincuenta por ciento resulta de vuestra participación activa en clase.	Die Endnote setzt sich aus zwei Teilen zusammen: 50 % zählen die schriftlichen und/oder mündlichen Prüfungen, die anderen 50 % resultieren aus der sonstigen Mitarbeit.

La evaluación del aprendizaje colaborativo	**Evaluation des kooperativen Lernens**
• **la evaluación del trabajo individual y/o grupal por el profesor** – el **aprendizaje individual** puede evaluarse a base de una prueba de tipo test o una prueba de pequeñas preguntas abiertas – el **rendimiento grupal** puede evaluarse a través del producto del proceso de aprendizaje (un mural, un dossier, un portfolio, una reflexión …)	• Evaluation der individuellen Arbeit und/oder Gruppenarbeit durch den Lehrer – Das individuelle Lernen kann in Form einer Testaufgabe (geschlossen) oder anhand von offeneren Fragen überprüft werden. – Die Gruppenleistung kann durch das im Laufe des Lernprozesses entstehende Arbeitsergebnis evaluiert werden.
• **la evaluación entre iguales o recíproca** (coevaluación)	• gegenseitige Evaluation
• **la autoevaluación**	• Selbstevaluation/-einschätzung (Schülerinnen und Schüler evaluieren ihre eigene Arbeit/ihren Arbeitsprozess/ihren Lernerfolg)
el rendimiento	die Leistung
la hoja de evaluación	Evaluationsbogen
los criterios de evaluación	Evaluationskriterien
la progresión	Progression
la corrección del examen	Berichtigung
la corrección lingüística: gramatical, léxica, ortográfica	sprachliche Berichtigung: grammatikalisch, lexikalisch, orthographisch
la coherencia	die Kohärenz
la concordancia	die Konkordanz
la corrección del contenido	die Berichtigung der Kohärenz

Léxico didáctico	Didaktisches Fachvokabular
Aprendizaje Colaborativo (AC)	Kooperatives Lernen
Aproximación al tema identificación del problema	Problemorientierter Unterrichtseinstieg/Annäherung ans Thema
Campos de trabajo	Aufgabenbereiche (des Faches)
Competencias/Destrezas comunicativas	Kommunikative Kompetenzen/ Fertigkeiten
Comprensión escrita/lectora Compresión escrita: global/general, detallada, selectiva	Leseverstehen: global, detailliert, selektiv
Comprensión oral/auditiva	Hörverstehen
Diferenciación	Differenzierung
Enfoque interdisciplinario	Fächerübergreifendes Arbeiten
Enfoque por tareas/tarea meta	Komplexe Lernaufgabe
Enseñanza abierta	Offener Unterricht
Enseñanza descentralizada	Dezentraler Unterricht
Enseñanza frontal	Frontalunterricht
Fase de elaboración Fase de presentación	Erarbeitungsphase Präsentation
Fase de evaluación/reflexión de feed back/de retroalimentación	Evaluations-/Reflexionsphase
Fase de consolidación	Sicherung-/Festigungsphase
Fases de trabajo	Unterrichts-/Arbeitsphasen
Fomento individual	individuelle Förderung
Formación de grupos	Gruppenbildung

Individualización	Individualisierung
Mediación	Sprachmittlung
Producción escrita	Schreiben
Producción oral	Sprechen
Proyecto	Projektunterricht
Soporte lingüístico Sistema de apoyo	Helfersystem
Tarea final/tarea meta	Lernaufgabe
las competencias	Kompetenzen
• la competencia comunicativa intercultural • la competencia comunicativa funcional	• Interkulturelle kommunikative Kompetenz • Funktionale kommunikative Kompetenz
• la competencia textual y medial	• Text- und Medienkompetenz
• la competencia lateral	• Laterale Kompetenz (Sprachlernkompetenz und -bewusstheit)
Tipos de actividades/ejercicios	**Übungsformate/Übungstypen**
• Tarea/Actividad de selección múltiple/única	• Multiple-Choice-Aufgabe
• Tarea de correcto-falso	• Richtig-Falsch-Aufgabe
• Texto con huecos	• Lückentext
• Actividad de transformación	• Transformationsübung
• Preparar a base de apuntes una charla de un minuto	• Kurzvortrag anhand von Stichpunkte vorbereiten
• Ejercicio abierto, semiabierto, cerrado	• Offene, halboffene, geschlossene Aufgabe

El repertorio metodológico	**Methodenrepertoire**
el mapa mental	die Mindmap
la lluvia de ideas/el torbellino de ideas	das Brainstorming
la cadena	die Meldekette
el tándem [el ejercicio tándem]	Tandem(-übung)
las tarjetas de comunicación	Kommunikationskärtchen
la entrevista	Interview
la noria/el tiovivo	Kugellager
en el patio/mercado/una fiesta	Omniumkontakt (auf dem Schulhof, auf dem Wochenmarkt, …)
el mantelito	Placemat
el puzle de expertos	Expertenpuzzle
el mosaico de expertos	Expertenmosaik
la exposición/el paseo por el museo	Museumsgang
la charla de uno a cuatro minutos	Kurzvorträge von ein bis vier Minuten
las exposición/la ponencia	Referat
el debate, la discusión	Debatte, Diskussion
el debate americano	die amerikanische Debatte
la mesa redonda	der runde Tisch (Debatte)
la rueda de prensa	die Pressekonferenz
el programa (de entrevista)/el talk show	die Talkshow

el enfoque por tareas/la tarea meta	die komplexe Lernaufgabe
el proyecto	das Projekt
el aprendizaje por etapas	das Stationenlernen
el bufé de aprendizaje	die Lerntheke
la avenida de aprendizaje	die Lernstraße
el taller de (cuentos)	die (Märchen-)Werkstatt
la silla caliente	der heiße Stuhl
fishbowl/la pecera	Fischbowl
el juego de roles/el sociodrama	das Rollenspiel
la simulación de una situación cotidiana (ir de compras ...)	Simulation einer Alltagssituation (einkaufen gehen,...)
el presentador/la presentadora	der/die Moderator/in
el portavoz (del equipo)	der Sprecher/Wortführer der Gruppe
el moderador/la moderadora	der/die Moderator/in
el observador/la observadora	der/die Beobachter/in
los espectadores	die Zuschauer
el público	das Publikum
la ficha/hoja de observación	Beobachtungsbogen
Otras palabras útiles	**Weitere nützliche Wörter**
la pizarra digital	interaktives/digitales Whiteboard
el retroproyector	Overhead-Projektor
las láminas/transparencias	Folien
el cañón/el proyector	Beamer

el reproductor de CD	CD-Player
la (primera/segunda/ tercera) audición	erstes/zweites/drittes Hören
el (primer/segundo) visionado	erstes/zweites Sehen
el video, el (video)clip	Video, Videoclip
el podcast	Podcast
el lápiz USB	USB-Stick
el material visual	Bildmaterial
la imagen	Bild
la imagen fija	Standbild
el libro de texto	Textbuch
el manual de clase	(Lehrer-)Handbuch